T 52 c
224

conserver la couverture

LE LAIT A NEW-YORK

La Vente du mauvais Lait y est considérée comme un CRIME

EXTRAIT

DE LA

Communication faite à la Société médicale du VIe Arrondissement

le 30 NOVEMBRE 1903

PAR LE

Docteur E. DEPASSE

MÉDECIN DU SÉNAT

MÉDECIN DE LA PRÉFECTURE DE LA SEINE

MÉDECIN DE LA PRÉFECTURE DE POLICE

(Service d'inspection de la protection du premier âge)

CHEVALIER DE LA LÉGION D'HONNEUR

Ancien Président de la Société Médicale du VIe Arrondissement

Ancien Préparateur et Lauréat de la Faculté de Paris

Licencié ès sciences

Lauréat de l'Académie de Médecine (Médaille d'argent, 1903), etc.

T 52 c 224

PARIS

IMPRIMERIE G. MAURIN

71, RUE DE RENNES, 71

1904

T 52 c 224

PUBLICATIONS ANTÉRIEURES

Syphilis héréditaire. (*Revue mensuelle des maladies de l'Enfance*, 1887.)

Scarlatine hyperthermique. (*Revue mensuelle des maladies de l'Enfance*, 1897.)

Rapports sur la mortalité infantile dans le service de la protection du premier âge avec graphiques. (Années 1886, 1887, 1888, 1889, 1890.)
Même *Revue* et *Journal de Médecine et Thérapeutique infantile.*

Sept cas de pleurésie purulente guéris par ponctions répétées, sans autre opération.
Même *Revue* et *Journal de Médecine et Thérapeutique infantile.*

De l'emploi du cacodylate de soude en injections sous-cutanées. (*Société Médicale du VI*[e] *arrondissement.*)

De l'emploi des compresses d'eau froide dans la broncho-pneumonie des enfants. (*Société Médicale du VI*[e] *arrondissement.*)

Cardiopathie et urticaire. Traitement par le raisin frais. (*Société Médicale du VI*[e] *arrondissement*, 1903.)

Scarlatine hyperthermique très grave. Guérison, (*Société Médicale du VI*[e] *arrondissement*, 1903.)

BIBLIOTHÈQUE NATIONALE
R.F.
PARIS

LE LAIT A NEW-YORK

La Vente du mauvais Lait y est considérée comme un CRIME

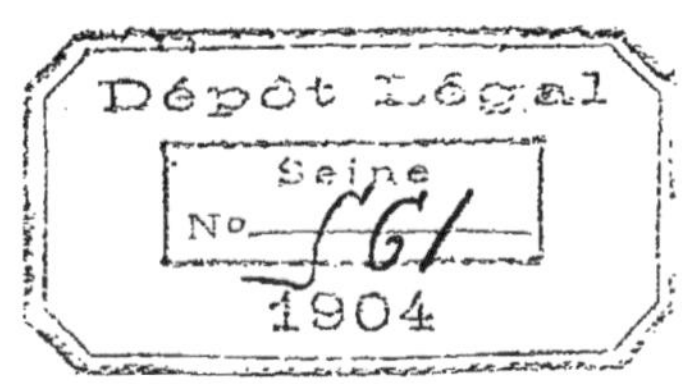
Dépôt Légal
Seine
N° 561
1904

SOCIÉTÉ MÉDICALE DU VIe ARRONDISSEMENT

Séance du 30 novembre 1903.

Présidence de M. le Dr Récamier, *président.*

Présents : MM. Récamier, Ancelet, de Sèze, Moret, Malméjac, Champion, Thiéry, Furet, Richardière, Legry, Boé, Dufau, Vassal, Fournié, Guillaumin, Triolet, Quidet, Valude, Clément Petit, Boissier, Paul Petit, Dromain, Vaudin, Netter, Depasse, Viollet.

Lecture du procès-verbal de la séance précédente, qui est mis aux voix et adopté.

M. Depasse prend la parole pour l'intéressante communication suivante :

La ville de New-York affirme qu'elle a le meilleur lait du monde entier.

Je n'ai pas besoin, Messieurs, devant un auditoire composé de médecins, d'établir la nécessité d'avoir du bon lait pour les enfants, pour les malades et même pour les adultes bien portants.

C'est, pour les premiers, le seul aliment jusqu'à un an au moins, pour les seconds un aliment souvent indispensable et nécessaire.

Il doit donc d'abord réunir certaines qualités alimentaires et répondre à un certain type, mais de plus il doit être frais, et ne doit pas renfermer de bactéries nuisibles que la fermentation y développe, que le manque de soin y laisse pénétrer du dehors. Je ne parle pas de produits chimiques que certains industriels y ajoutent sous prétexte de conserver le lait et qui sont tous et toujours nuisibles.

Le laboratoire municipal fait une guerre assez sévère au lait adultéré, mais cette guerre devrait être bien plus rigoureuse. La préfecture en effet s'attache surtout à exiger des marchands de lait une marchandise qui se rapproche le plus possible d'un type établi par elle au point de vue de la quantité d'eau, de matières solides et de beurre, mais elle ne s'occupe pas de l'examen bactériologique du lait, ce en quoi elle a grand tort, de sorte qu'un marchand peut débiter en France et à Paris un vieux lait, même un peu aigre, même contenant des bacilles pathogènes sans que ce lait puisse être l'objet de saisie et le marchand l'objet de poursuites judiciaires. Mais s'il y a des poursuites judiciaires, celles-ci donnent lieu à des amendes faibles, rarement accompagnées de quelques jours de prison, de sorte que ces condamnations n'empêchent pas le commerçant de continuer son petit commerce. Je pourrais citer tel commerçant qui a déjà été poursuivi et condamné un très grand nombre de fois et continue à s'enrichir aux dépens de la santé publique.

Est-ce à dire qu'à Paris tout le lait soit mauvais, comme on l'entend répéter souvent. Il n'en est rien. On peut avoir facilement du bon lait et même du très bon. La presse a fait dernièrement une campagne d'où vraiment on aurait pu croire que tous les marchands de lait étaient des fripons. Il y a beaucoup d'exagération dans ce jugement, mais nous autres Français, nous nous débinons si volontiers les uns les autres! Il existe au contraire un grand nombre de marchands de lait en gros qui vendent de bonne marchandise, pure, saine et aussi parfaite que possible.

Il n'en est peut-être pas toujours de même des petits détaillants, des épiciers, des crémiers et surtout de ces marchands de lait installés le matin sous les portes cochères.

Beaucoup de ces derniers sont certes de braves gens, mais il s'en trouve aussi de peu scrupuleux.

Si on réfléchit que chez un certain nombre de détaillants on trouve du lait à 0,30 cent., à 0,40 cent. et à 0,50 cent. et que le marchand, avant de servir son client, lui demande à quel prix il veut du lait, il est bien évident qu'il ne donne pas la même marchandise dans ces trois cas.

Ces différents prix indiquent nécessairement des qualités différentes. Je sais très bien que les plus honnêtes ont laissé reposer quelques heures les grandes boîtes en fer blanc que vous connaissez tous pour les avoir vues sur le trottoir des boutiquiers, et qu'ils vendent 0,50 cent. le premier tiers, 0,40 cent., le deuxième tiers, et enfin, 0,30 cent., le fond du pot.

Déjà ce trafic n'est pas permis à New-York comme nous le verrons tout à l'heure.

Mais il existe malheureusement un certain nombre de petits détaillants chez qui le lait est une véritable drogue.

Si l'on prend le n° 314 du *Bulletin municipal officiel de la ville de Paris* du 22 novembre 1903, on lit que le laboratoire minicipal a fait en octobre dernier 1203 analyses de lait et a reconnu :

903 passables;
177 bons;
62 mauvais, dont 51 suspects,

et qu'il y avait :

43 écrémés;
23 mouillés;
8 additionnés d'antiseptiques : borax, formol...

Donc, en somme, la grande majorité des laits analysés était bonne, car, sous le nom passables, on classe les laits qui ne répondent pas au type officiel. Celui-ci exige 33 grammes de beurre, c'est à mon avis un peu trop, car, par exemple, les vaches flamandes donnent souvent du lait qui n'a que 26, 27, 28 grammes de beurre, et c'est cependant un bon lait.

Les marchands en gros, vous le savez comme moi, achètent

d'avance et pour un temps déterminé, souvent assez long, tout le lait d'une région, la Normandie par exemple, où la Beauce, à raison de 0,09 cent. le litre, centralisent la récolte, mélangent le tout, le chauffent à 70° (ce qu'ils appellent PASTEURISER leur lait), puis le refroidissent et le répartissent dans les grands pots auxquels j'ai déjà fait allusion et le vendent aux détaillants à raison de 0,42 à 0,45 cent. les 2 litres. Ces laits récoltés la veille, centralisés et pasteurisés le soir, sont expédiés la nuit et distribués dans Paris le matin de bonne heure. Il est donc charrié, trimbalé, agité pendant plusieurs heures à une température qui est celle de l'atmosphère ambiante. En hiver, par les temps froids, cela n'a pas grand inconvénient, mais en été cela en a un grand, vu l'extrême rapidité avec laquelle se développent les bactéries dans le lait.

En présence de la grande mortalité des enfants par diarrhée, pendant toute l'année, mais surtout en juillet et août, les médecins d'Amérique ont fait une grande agitation qui a commencé en 1891 et s'est continuée d'une façon incessante, qui a abouti à une réglementation sévère, très rigoureuse, très draconienne, dont je vais vous donner les traits principaux.

Voici d'abord quelques chiffres montrant la décroissance progressive de la mortalité infantile à New-York, sous la nouvelle législation.

Nombre d'enfants à New-York au-dessous de 5 ans, décès, pourcentage.

Années.	Population.	Décès.	Pourcentage.
1892.		7464	266.9 0/00.
1893.		7003	243.3
1894.		6888	231.1
1895.		6999	227.5
1896.		6661	210.4
1898.		6077	186.4

Si on ne prend que les enfants au-dessous de 2 ans, on

obtient des chiffres qui démontrent aussi clairement la réduction de la mortalité du premier âge.

Années.	Population.	Décès.	Pourcentage.
1891.	191.805	18 224	99 0/00.
1892.	196.485	18.684	95.1
1893.	201.164	17.865	88.8
1894.	205.843	17.558	85.3
1895.	213.664	18.221	85.3
1896.	219.905	16.807	76.5

Les chiffres de ces tableaux sont extraits d'un discours fait devant la conférence nationale des maires et conseillers municipaux à Colombus, le 29 septembre 1897 et qui finissait par cette péroraison :

« De quel nom appeler cet inutile sacrifice de vies d'enfants? Ne devrait-on pas l'appeler un assassinat légal!

« Lorsqu'il se produit sur une ligne de chemin de fer un de ces terribles accidents accompagnés de perte de vies humaines, la nouvelle en est télégraphiée dans le monde entier, il s'élève alors un cri d'horreur contre les compagnies qui ne prennent pas assez de précautions; on entend des cris de vengeance contre les administrations sans âme. Pourquoi ne passe-t-il pas sur le monde un cri d'horreur à la pensée que tant d'enfants meurent faute de précautions qui sauveraient bien plus sûrement des milliers et des milliers de vies d'enfants que toutes les précautions prises par les compagnies de chemin de fer? ».

En présence de ces faits lamentables de mortalité infantile, la ville de New-York a fait une législation sanitaire qui est confiée au bureau de santé sous la direction d'un savant hygiéniste doublé d'un philanthrope, le docteur John Nagle.

J'ai eu pendant les vacances l'occasion de causer longuement avec ce savant de la question du lait qui nous intéresse profondément tous les deux et je vais m'efforcer de vous faire comprendre les règlements qui régissent la matière.

Les règlements, je vous l'ai déjà fait entendre, sont draconiens, ils sont appliqués sans pitié par le bureau d'hygiène, ou, si vous préférez, par le département de santé. Je joins, comme preuve à l'appui de ce que je vais vous raconter, les pièces authentiques; décrets, lois, affiches, papiers administratifs à remplir par les fermiers, les marchands en gros, les détaillants. Ces pièces sont au nombre de vingt-deux.

D'abord l'adultération du lait (et par le mot *d'adultération* on comprend tout lait non hygiénique, qu'il ait été écrémé ou coupé d'eau, ou additionné d'une substance quelconque ou qu'il ait dépassé une température réglementaire etc., etc.), l'adultération du lait, dis-je, est considérée comme crime. (C'est une faute double), il est appelé *misdemanor, criminal offense* parce qu'il est une violation du code sanitaire, il est en même temps considéré comme une *civil offense* parce qu'elle est contraire aux lois concernant l'agriculture.

Le commerce du lait n'est pas tout à fait libre.

Pour vendre du lait, il faut une *licence* qui est accordée par le département de santé et toujours révocable *selon le plaisir* de ce département. Cette licence est personnelle, elle ne peut être ni prêtée, ni vendue, elle doit toujours être placée dans un endroit très apparent de la boutique du vendeur.

La boutique ne peut avoir de communication avec l'appartement (salle à manger ou chambre à coucher du marchand) à cause de la facilité avec laquelle le lait absorbe les odeurs ou gaz, cette boutique ne peut rien renfermer d'autre que le lait et ses dérivés, beurre, fromage; le lait de beurre, le lait battu ne sont pas admis. J'ai traduit par lait de beurre ou lait battu ce que les Américains appellent *swill mick*. La boutique doit être pourvue d'un robinet donnant de l'eau pure, les murs et le sol doivent pouvoir être lavés à grande eau; cette eau doit avoir un écoulement facile au dehors par une canalisation très soignée ; la boutique ne doit cependant pas communiquer directement avec l'égout par cette canalisation, la température du lait ne doit jamais dépasser 50° F soit 10°5 centigrades. Le lait qui dépasse cette température est déclaré *adulterated*, impropre à la consommation, or les inspecteurs passent fréquemment et s'assurent de la température. Les récipients de lait doivent porter très apparents le nom du producteur de lait et son adresse, la date et l'heure de la traite. Le lait, au bout de vingt-quatre heures, est déclaré impropre. Les marchands en gros doivent toujours avoir sur leurs récipients les étiquettes analogues, et les wagons ou ferry-boats doivent, pendant toute la durée du temps pendant lequel ils servent au transport de la marchandise, avoir des deux côtés de grandes étiquettes peintes en caractères de 2 pouces de long et 1/2 pouce de large, de couleur très apparente avec ces mots : « Departement of Health permit » de façon que les inspecteurs les reconnaissent facilement et puissent y pénétrer chaque fois qu'ils le jugent convenable, soit dans les gares, soit dans les ports, de jour et de nuit, afin de prélever des échantillons ; les wagons ou bateaux doivent être aussi constamment refroidis, de façon que la température du lait ne dépasse jamais 51° F., soit 10°5 centigr. Le département de santé recommande même de ne pas dépasser 45° F., soit 8°2 centigr.

Les producteurs de lait sont aussi très surveillés.

Ils doivent tous les mois donner la liste des vaches dont ils vendent le lait, l'âge de la vache et sa race ; la quantité de lait expédié ; donner des détails très circonstanciés sur la nourriture, la nature de l'eau qu'on donne à boire et celle de l'eau qui sert aux lavages.

Il est défendu de vendre du lait d'une vache dans les quinze derniers jours de sa gestation et les cinq jours qui suivent son accouchement.

Un détail que j'ai oublié : le débitant de lait doit avoir bien soin de remuer énergiquement le lait d'un récipient avant d'en extraire une partie, car les règlements n'admettent pas que le fond du récipient renferme un lait non semblable au lait du dessus.

Les manquements à ces prescriptions, et j'en oublie peut-être, sont très sévèrement punis ; la première punition est de 250 francs, la seconde est de 1.200 francs, la troisième de 2.500 francs ; la licence est révocable dès la première amende ; elle est obligatoirement retirée à la troisième, la prison est généralement accordée d'une façon très généreuse; quant au retrait de la licence, c'est la ruine du commerçant.

Le type du lait est :

88 0/0 d'eau,

12 0/0 de matières solides, y compris 3 0/0 de matière grasse.

Le nombre des bactéries ne peut pas dépasser 100.000 par centimètre cube, du 1er mai au 3 septembre, et 60.000 d'octobre à avril.

Je ne parle pas de toutes les précautions qui sont conseillées aux fermiers pour la récolte du lait, le lavage des récipients, la propreté des étables, du personnel, cela nous mènerait trop loin.

La surveillance du lait se fait au moyen d'un nombreux personnel qui est payé par un impôt prélevé sur les producteurs de lait d'après la quantité de lait qu'ils expédient; plusieurs fermiers peuvent se grouper pour former une unité, car l'impôt mensuel est, depuis le 1er janvier 1902, de :

8 Dollars	pour moins	de	100	parts.	
10	—	pour	100	à	200 —
12	—	pour	200	à	500 —
15	—	au-dessus		de	500 —

N. B. — Il n'y a pas d'inspection à partir du samedi à midi, les feuilles sur lesquelles les fermiers doivent inscrire les renseignements dont j'ai parlé plus haut leur sont envoyées au milieu de chaque mois.

Conclusion : La ville de New-York se vante d'avoir le meilleur lait du monde. Il est probable, en effet, qu'il est difficile d'avoir une législation plus sévère, mais je crois que nous pouvons affirmer aussi qu'à Paris nous avons du bon lait.

Il y a un reproche que je fais au refroidissement du lait à 10°, c'est sa facile décomposition si la personne qui l'achète n'a pas le soin de le faire bouillir immédiatement après son achat.

Pour terminer, j'exprime le vœu suivant :

« Étant donné la mortalité considérable des enfants en bas âge et l'influence néfaste que le mauvais lait a dans cette mortalité, je souhaite que la législation française appelle *crime* le fait de vendre du mauvais lait. De cette façon les tribunaux seraient bien plus sévères dans les condamnations qu'ils prononceraient contre les marchands de lait non hygiénique.

M. VAUDIN. — La communication que vient de nous faire le docteur Depasse est extrêmement intéressante et les faits qu'il nous signale sur l'organisation de la vente du lait à New-York, méritent d'être retenus. Est-ce à dire que nous devons demander en France l'application de semblables mesures ? Je ne le pense pas, car elles auraient peu de chance d'être accueillies. Il y a plusieurs années, cette question de la vente du lait a été étudiée longuement au Conseil central d'Hygiène de la Seine-Inférieure. Les docteurs Gibert, du Havre, Dufour, de Fécamp, et moi, nous en sommes particulièrement occupés. Le docteur Gibert préconisait la surveillance du lait chez le producteur et chez le revendeur.

Le système qu'il présentait était assez compliqué, il nécessitait un personnel nombreux, et se rapprochait par beaucoup de points de celui qui est employé à New-York. Le Conseil n'accepta pas la proposition du docteur Gibert, mais il admit celle faite par moi, consistant à mettre entre les mains du public et des municipalités un procédé simple de contrôle du lait.

Ce procédé a été publié dans le recueil des travaux du Conseil d'hygiène de la Seine-Inférieure (1). Il est basé sur l'action réductrice du lait sur le carmin d'indigo. Les bactéries que le lait contient dès l'origine sont aérobies, et

(1) Voir aussi : *Revue d'Hygiène et de Police sanitaire* (août 1897); *Annales de Chimie analytique* (déc. 1897).

manifestent leur action réductrice en transformant la matière colorante en indigo blanc. Plus le lait est riche en microbes, plus la décoloration est rapide. Le Conseil me confia la rédaction d'une instruction pour être répandue par les soins de la Préfecture, dans les mairies qui les auraient distribuées aux intéressés. Depuis, j'ai quitté la Seine-Inférieure, et je ne sache pas qu'il ait été donné suite officiellement à ces décisions. Cependant, un certain nombre de crèches du Havre, de Rouen, la « Goutte de Lait » de Fécamp, si remarquablement organisée par mon ami le docteur Dufour, emploient journellement le procédé à l'indigo pour vérifier la fraîcheur et l'état de conservation du lait qui leur est fourni. Il serait désirable que ce procédé se généralisât. Producteurs et vendeurs, sachant que leurs clients peuvent vérifier l'état de fraîcheur et la bonne conservation de leur lait, modifieraient leur manière de faire, si souvent défectueuse; les consommateurs, surtout les enfants et les malades, y trouveraient leur profit.

M. Thiéry. — Nous avons aussi des règlements sévères sur la vente de toutes les denrées alimentaires, mais ils ne sont pas appliqués — Le sont-ils mieux à New-York ? M. Thiéry s'élève aussi contre l'opinion de M. Depasse que nous avons de bon lait à Paris. Le lait de Paris est impur, quel que soit le prix qu'on le paye.

M. Depasse. — Les règlements français ne sont pas appliqués parce qu'ils sont mal conçus, et demandent quelquefois l'impossible. Par exemple, l'Assistance Publique exige pour son lait une teneur en beurre supérieure à celle du meilleur lait, ce qui oblige les concessionnaires à charger leur lait avec de la crème.

BIBLIOTHÈQUE NATIONALE R.F.

Paris. — Imp. G. Maurin, rue de Rennes, 71.

BIBLIOTHEQUE NATIONALE DE FRANCE
3 7531 04125597 8

www.ingramcontent.com/pod-product-compliance
Ingram Content Group UK Ltd.
Pitfield, Milton Keynes, MK11 3LW, UK
UKHW012311240726
13966UKWH00005B/1801

9 782011 906076